NUESTRO PROYECTO

Maritza Leal

Publicado por Ibukku
www.ibukku.com
Diseño y maquetación: Índigo Estudio Gráfico
Copyright © 2020 Maritza Leal
ISBN Paperback: 978-1-64086-563-1
ISBN eBook: 978-1-64086-564-8

ÍNDICE

Prólogo

Por Rubén Ocegueda Torres

Hasta hace unos meses no sabía nada acerca del proyecto de Maritza Leal y del grupo de padres. Ahora que lo conozco, no puedo evitar conmoverme con tan ardua y noble labor. Los esfuerzos continuos de hombres y mujeres migrantes de origen latino, que leerán en este libro, son un ejemplo para toda persona que deba luchar contra la adversidad, más para quienes tienen que nadar como salmones en una tierra tan compleja y retadora como los Estados Unidos.

¿Y qué lucha más importante puede existir que la educación de los niños? Los vástagos de tan dignos y comprometidos padres son tan importantes como quienes siempre han recibido educación de calidad. Por lo anterior, cada paso ha sido significativo para la autora del presente libro y para quienes la han acompañado en esta larga travesía.

En esta obra encontrarán un testimonio de esfuerzo, dedicación, amor, resiliencia y enormes habilidades de diálogo y dedicación, pero también se pueden observar personas e instituciones empáticas, profesionales y con intenciones de hacer la diferencia. Sin lugar a duda, el proyecto no está terminado, y quizás no lo esté pronto. Pero todo aquel que lea el libro, podrá sumarse al mismo y hasta encabezar otros, puesto que somos más personas que vamos en el mismo barco, de lo que creemos.

Espero que lo disfruten y que, sobre todo, los haga re-flexionar. Estoy seguro de que así será, porque si nosotros no luchamos por nuestros sueños… ¿quién lo hará?

Nuestro Proyecto: ¿Empoderamiento o necesidad?

Mi nombre es Maritza Leal y mi natalicio tuvo lugar en El Salvador, el famoso «pulgarcito de América». Soy la menor de seis hermanos. Mi padre era campesino y mi madre vendía verduras en la calle. Ambos hacían lo posible para salir adelante de acuerdo con sus posibilidades y limitaciones. Éramos tan pobres que, durante mi niñez, uno de mis sueños era ver una manzana o un racimo de uvas en nuestra mesa. Éste no se cumplió en mi infancia. Los anhelos que tuve durante mi adolescencia eran estudiar y ser una alumna ejemplar. Ya que mi madre no tuvo la precaución de inscribirme en la escuela, tuve que aprender en casa con mis hermanos mayores.

Cuando mi madre finalmente me inscribió a la escuela, me sentí muy avergonzada porque ya era mayor que los demás estudiantes; entonces decidí abandonarla en tercer grado de primaria. Eran tiempos difíciles, ya que en El Salvador vivíamos una guerra civil que se prolongó por más de una década. Los toques de queda, la guerrilla, el ejército y por supuesto, el éxodo obligatorio hacia el exterior en busca de libertad y de seguridad, eran el pan nuestro de cada día.

En una ocasión a mi hermano mayor, cuando se dirigía hacia nuestra humilde casa, lo interceptó el ejército y sin su consentimiento lo llevaron al cuartel militar con el fin de reclutarlo para la guerra. Fue una experiencia traumática ya que, al ser el mayor, representaba la figura paterna cuando mi padre no estaba. Creí que ya no lo volvería a ver o que lo matarían en esa guerra tan sangrienta que, según dicen, cobró la vida de aproximadamente 75,000 personas; cifra que no comparto, ya que todos los días había muertos y desaparecidos.

A pesar de todo, la vida seguía y al cumplir dieciséis años la espina que tenía clavada en mi corazón me motivó a inscribirme en la escuela nocturna, y a los dieciocho años terminé séptimo grado. Durante el día estudiaba corte y confección y estuve a pocos meses de graduarme. Ése fue mi historial académico en mi juventud, mi vida llevaba un curso normal –si se puede decir así– con un futuro incierto por los problemas políticos de mi país.

Era la mañana del 27 de Julio en un hermoso verano, cuando el sol brillaba en todo su esplendor y con ese calor abrazador y húmedo, que todavía extraño hasta el día de hoy, ocurrió algo inesperado en mi vida. Mi hermana, que vivía en Estados Unidos, me habló por teléfono y me propuso irme al norte para luchar por un futuro mejor. Llegué a la edad de dieciocho años y, como persona inmigrante, me dediqué a trabajar en restaurante y laboré también en la limpieza de casas. A los veintiún años contraje nupcias y en 2001 tuve a mi primera hija: Daniela.

Como este libro no es una biografía, abordaré directamente la historia del proyecto. No obstante, antes de comenzar con el mismo, solamente les quiero compartir lo siguiente: Mis padres, por las circunstancias y el estilo de vida que llevaban, lamentablemente no se preocuparon por brindarme la oportunidad de asistir a una escuela para así poder realizar mis sueños. En mi sangre y en mi corazón ha estado siempre el deseo de aprender y de estudiar.

Estoy segura de que si se me hubiera dado la oportunidad de prepararme académicamente, sin duda hoy tendría una carrera profesional y, por consiguiente, tal vez no habría venido aquí a los Estados Unidos. Por esa razón, no tenía duda de que para mis hijos era muy importante contar con una buena preparación académica. Este anhelo era, es y será, primordial.

En una mañana de otoño escuché por primera vez el llanto de mi hija Daniela, e inmediatamente comenzaron a surgir deseos para su bienestar. Deseos como los siguientes: «Yo no quiero que ella tenga las carencias que tuve en mi infancia». «Ojalá logre ser una profesionista» y «Que ella sea un ejemplo para los demás». Ésos eran mis pensamientos, pero no tardé mucho en darme cuenta de que no iba a ser nada fácil y que definitivamente necesitaría ayuda y consejos de personas preparadas para poder llevar a cabo dichas metas.

Cuál fue mi sorpresa al darme cuenta de que mi familia que reside en Estados Unidos no tenía ni idea de cómo guiarme. Al reconocer mi entorno social, me di cuenta de que no sólo mis vecinos, sino los miembros de mi comunidad habían naufragado en esos intentos. Escuché varios ecos de personas que habían logrado que sus hijos pudieran sobresalir, pero eran contados con los dedos de una mano y no eran personas a las que les gustara relacionarse con el «barrio».

Considerando lo anterior, llegué a la conclusión de que no sabía cómo le haría, pero mi hija no sería parte de esta lamentable estadística. Creo firmemente que en esta vida tenemos un propósito, pero también tenemos obligaciones hacia los demás; es decir, necesitamos trabajar en conjunto por el bien común de nuestra comunidad, ya sea aquí o en cualquier parte del planeta en que vivamos. Así fue como comenzó esta fase de mi vida, ya no solamente como una mujer joven trabajadora, sino como madre.

Primer día de escuela

Mi hija se dirigía corriendo a su primer día de clases en preescolar, estaba muy entusiasmada. Mientras muchos niños lloraban, ella estaba expectante sobre lo que aprendería ese día; mi esposo y yo ciegamente la dejábamos en la escuela y nos íbamos a trabajar, yo a limpiar casas y él a limpiar piscinas. Recuerdo que los maestros nos decían: «Tiene que aprender a escribir su nombre, cuando lo haga le va a ayudar mucho en el futuro». Cabe decir que el horario de preescolar era de las 8:00 horas a las 17:00 horas todos los días, de agosto a agosto, con solamente cinco días de vacaciones.

Sumergidos en el trabajo confiamos totalmente en la escuela y no prestamos mucha atención al proceso de aprendizaje de nuestra hija, y nos conformábamos con lo que nos decían los maestros: «Si se aprende estas quince palabras en preescolar, es suficiente». Fue hasta que terminó la escuela que me percaté de que mi hija no hablaba inglés, ni un poco, y cuando fui a la escuela a preguntar cuál era el motivo, la respuesta fue simplemente: «Ella lo va a agarrar después». Me sentí impotente, pues ésa era la escuela que me tocaba. Pero, ¿a quién preguntar?

Las demás personas de mi comunidad estaban en la misma situación, algunos conformes, algunos molestos como yo, pero poco a poco estábamos naufragando sin saber qué hacer ni a quién recurrir. No sabía absolutamente nada sobre lo que era un API o un CST, ni mucho menos en qué consistía el currículo escolar. Cuando me di cuenta del costo de la educación privada. no tuve más que resignarme y dejar a mi hija en el distrito escolar.

Uno de mis sueños también era prepararme en música y cuando averigüé sobre una escuela lejana, tomamos la decisión de mudarnos para allá (la ciudad de Modesto, CA.) mientras terminaba el curso, que duraba aproximadamente veinticuatro meses. Aprendí mucho de música, pues es uno de los dones que Dios me dio, y siempre que tuve la oportunidad de aprender más, lo hacía.

Para ese entonces Deborah, mi segunda hija, estaba en mi vientre y venía en camino. Daniela cursaba el *kindergarten* en una escuela pública, pero sus compañeros eran en su mayoría anglos, por lo que en seis meses ya hablaba el idioma inglés con cierta fluidez. Lamentablemente la escuela de música se mudó para Sacramento y nos vimos forzados a regresar nuevamente a la bahía, esta vez a San José.

En febrero Daniela fue aceptada para terminar *kínder* pero cuando comenzó primer grado, para el mes octubre me dijeron que mi hija debía repetir ya que iba a ser muy pequeña para primer grado. No se me hizo justo, pues en mi opinión se debe evaluar al niño por su conocimiento y no por su edad. Fue otro golpe a la esperanza que tenía para el futuro de mi hija; sabía que algo no estaba bien, pero no tenía a quien recurrir. Parece que pertenecemos a un mismo «patrón» y que debemos de seguir siempre la misma línea sin preguntar u opinar, así lo sentía personalmente.

Por cuestiones laborales decidimos regresar a Redwood City, CA. Para ese entonces mi hija Daniela comenzaría segundo grado. Fuimos al distrito escolar y pedimos información de todas las escuelas para decidir a cuál la mandaríamos, pero nos asignaron una escuela pública cerca del lugar donde vivimos. Al principio todo parecía bien, pero conforme transcurrió el tiempo, me di cuenta de que no era lo que esperaba; en mi opinión, la enseñanza era muy pobre para las expectativas que tenía para mi hija.

Cuando le pedí ayuda a algunas amistades, me recomendaron una escuela pública con inmersión al español y gracias a Dios fue aceptada. Fue allí donde terminó segundo grado. Abrí mis ojos a la problemática escolar y definitivamente me di cuenta de que no hay una gran diferencia entre este tipo de escuelas y las demás; la enseñanza es la misma o similar, solamente que en las escuelas como éstas tienen un poco más de contenidos extracurriculares. Al mencionar esto no quiero menospreciar el trabajo de los maestros ni de los padres de familia, porque ellos también son parte crucial del desarrollo académico y moral de los niños.

Cuando Daniela cursaba segundo grado, la maestra me comentó que ella era la segunda mejor de la clase y que no necesitaría escuela de verano puesto que «iba muy bien». Hubo una ocasión en la que Daniela entregó una tarea de un proyecto acerca de un animal y la maestra me dijo: «Este tipo de tarea es de nivel de quinto grado». Acepté contenta el comentario, pero sinceramente, no lo creí en su totalidad; más aún, para ese punto, dentro de mi corazón tenía la certeza de que existía algo más, ¿pero qué? Algo dentro de mi ser se estaba formando, algo bello que ni yo misma sabía lo que era, pero que en el futuro daría su fruto.

Rocketship

¡Gracias a Dios por la tecnología! y por toda la gente que trabaja en ese campo, ya que afortunadamente, una amiga me habló de una escuela chárter llamada *Rocketship* y me instó a que la visitara. Busqué información en la *web* y mi esposo y yo decidimos ir a conocerla. Antes de la visita cruzaron por mi mente algunas preguntas y sobre todo temores, tales como: «Yo vivo a casi 30 millas de distancia, ¿tendré que mentir diciendo que vivo cerca de esa escuela?» Y tampoco tenía idea de qué era una escuela chárter; pensaba que como los niños no pertenecían al distrito, quizá las clases no les serían válidas o que correrían el riesgo de ser ignorados en el futuro, si aspiraban a una universidad en California.

Mi primera impresión cuando entré a *Rocketship* fue de sorpresa, porque yo me esperaba una escuela grande, con un campo amplio, pero no fue así; por el contrario, la escuela era pequeña y tenía un pequeño *playground* en medio. Dudas comenzaron a rondar por mi cabeza, pero me dije: «Ya estoy aquí». Acto seguido, fui a la oficina principal y la secretaria, aunque estaba muy ocupada, me atendió amablemente. Le comenté que tenía una cita con la principal de la escuela y a los pocos minutos ésta nos atendió a mi esposo, a mi hija y a mí.

Observaba con atención el entorno escolar y mi primera impresión fue que se trataba de una escuela muy diferente a una escuela tradicional. Por ejemplo, las paredes tapizadas de banderas de muchas universidades, la escuela estaba muy limpia y todas las personas en las que fijé mi atención estaban muy enfocadas en sus quehaceres, pero con una alegría y entusiasmo que se contagiaba. Al fin entré a la oficina de la principal y nos recibió con una radiante sonrisa y mucha energía, mucha empatía que me hizo sentir un poco incómoda, pues no estaba acostumbrada a tan buen trato dentro de un centro escolar.

Después de recibirnos se dirigió a mi hija y le dijo: «¡Daniela! Ésta es tu nueva escuela, va a ser diferente a la anterior, ¿sabes? El horario va a ser más extendido, vas a tener acceso a una computadora todos los días, vas a hacer ejercicio todos los días y tu comida será muy saludable; aparte, vas a tener tu maestro de matemáticas y otro de literatura». Daniela asintió con la cabeza en señal de aceptación, pero en mí aún tenía dudas sobre si estaba haciendo lo correcto, puesto que sólo faltaba una semana para iniciar las clases.

Daniela inició el tercer grado en la misma escuela con inmersión al español, aquí en Redwood City, CA y, después de estar presente en el primer día de clases, me di cuenta de que no era lo que yo quería para mi hija; eran demasiados estudiantes y en mi opinión la maestra, aunque muy buena persona, no iba a poder con tantos niños. Definitivamente mi visita a *Rocketship* cambió mi perspectiva y decidí tomar el riesgo. No tenía que mentir sino que nos recibieron con los brazos abiertos, aunque viviera en Redwood City, CA.

Sentí paz en mi corazón y hablé con mi hija diciéndole: «Mi amor, tú sabes que yo deseo lo mejor para ti y que no he estado satisfecha con las escuelas a las que has asistido. Te quiero preguntar, ¿te gustó la escuela *Rocketship*?». Daniela contestó: «Sí, sí me gustó». Yo le contesté: «A mí también, pero necesitamos estar juntas en esta aventura puesto que no va a ser nada fácil, tendrás que levantarte más temprano de lo habitual y viajar cerca de treinta millas todos los días; tendrás que hacer mucha más tarea de lo que estás acostumbrada y posiblemente no tendrás tiempo de ver televisión, quizá una vez por semana». Daniela contestó: «Si es para que yo reciba una mejor educación, estoy de acuerdo». La abracé y le dije: «Ya verás que todo sacrificio tiene su recompensa». Y ese fue el inicio de un proceso duro, pero hermoso a la vez.

El primer día de escuela en *Rocketship* lloré. Fue para mí impresionante cómo motivan a los niños a ser excelentes, no sólo en la escuela sino en la casa y en su comunidad;

nuestras miradas se cruzaban entre nosotras sorprendidas por ¡todo! Todo era nuevo para nosotras, pero mi corazón estaba feliz, las dudas se esfumaron y en mi interior daba gracias a Dios por poner a *Rocketship* en nuestro camino. Tercer grado fue muy difícil para mi hija, puesto que pasar de la escuela con inmersión al español, donde la maestra dijo que Daniela era la segunda mejor de la clase, a estudiar en *Rocketship*, fue un gran reto, porque mi hija no estaba al nivel de los demás.

Cuando llegó de clases el primer día le pregunté: «¿Cómo se te hace esta escuela? ¿Qué es diferente?», y ella me contestó: «Todo es diferente, no la puedo comparar con mi antigua escuela porque simplemente no se puede comparar, aquí en *Rocketship* todo es diferente». A las dos semanas de comenzar en *Rocketship* su maestro fue directo con nosotros y nos dijo una gran verdad, que dentro de mí ya la sabía, pero que escucharla de parte de él confirmó mis temores: «Daniela está rezagada respecto al resto de los estudiantes».

Lloré esa noche junto con mi esposo, pero teníamos esperanzas en las últimas palabras del maestro: «Aunque si ustedes hacen su trabajo como padres, si ella se esfuerza al máximo y yo, como maestro, trabajamos en equipo, no les garantizo que se pondrá al nivel porque está un año y medio atrasada, pero si estará muy cerca de alcanzarlo». Dichas palabras me inyectaron fe y me convencieron de que sí existía una solución. Le doy gracias a Dios por la vida de ese maestro, llamado Jason Fromoltz, por hablar con la verdad y tener convicción en su trabajo.

Maestros como el profesor Fromoltz necesitamos hoy día, que nos digan la verdad de frente sin temor al «qué dirán» aunque la verdad sea cruda, pero con el compromiso de generar un cambio positivo y creer fielmente en lograrlo. Para esta etapa ya estaba convencida de que *Rocketship* era la escuela ideal para mi hija. Gracias *Rocketship* por abrir tus puertas de par en par, sin importarte mi pasado, y por preocuparte por el presente y el futuro de Daniela.

Fue un año muy intenso y diferente. Recuerdo el primer día que Daniela recibió su paquete de tarea, me sorprendí muchísimo, ya que era considerable y desafiante. Prácticamente todo era nuevo para ella y para mí, pues yo ni siquiera entendía cómo resolverla. Me daba un poco de vergüenza hablarle al maestro, pero en la tarea siempre estaba su número de teléfono para contactarlo para cualquier pregunta. Daniela le hablaba al profesor Fromoltz y él atendía sus llamadas con paciencia, le daba instrucciones y le respondía amablemente sus dudas.

Deseo aclarar que la tarea se basaba en lo que ellos estudiaban en clase, pero para Daniela era un reto, ya que *Rocketship* tiene una estructura y disciplina respetable. En *Rocketship* los niños son valorados como personas y no como números o simples estadísticas. En *Rocketship* las expectativas son altas para todos los estudiantes, sin importar su clase social o su raza. *Rocketship* rehace a los niños, sembrando en su corazón la idea de que ellos son importantes para este mundo, que este mundo va a cambiar para bien y que ellos van a hacer su parte en ese cambio, y que éste comienza desde su interior.

Pero no solamente eso, sino que todos los miembros del personal están dispuestos a colaborar para que esos sueños se hagan realidad. Ese año Daniela me dio las gracias dos veces por tenerla en *Rocketship*, sus palabras textuales fueron: «Gracias por preocuparte por mi educación, no está siendo fácil, pero sé que lo voy a conseguir; gracias por ponerme en una excelente escuela, gracias por tenerme en *Rocketship*». Casi al final del año escolar, mi esposo me comentó que el profesor Jason Fromoltz corrió hacia él y le dijo: «En este momento Daniela está siendo evaluada, si pasa este examen habremos conseguido nuestra meta, y si no, estará de todos modos muy cerca de conseguirla». La cara del profesor Fromoltz era de satisfacción y alegría. Así fue nuestra experiencia el primer año escolar en *Rocketship*, llena de satisfacción y alegría.

No podía esconder mi experiencia con *Rocketship* y la compartía con mis amistades cuando tenía oportunidad. ¡La gente necesitaba saber que existía una escuela que creía en nuestros niños de bajos ingresos y donde son aprendices del inglés! En ciertas ocasiones, cuando llegábamos de *Rocketship*, encontrábamos a nuestro vecinito Obed sentado afuera de su casa, triste, callado y cabizbajo. No podía quedarme callada y hablé con Azucena, su madre, y le pregunté si estaría interesada en meter una solicitud en *Rocketship* para Obed. Sin demorarse, al día siguiente su respuesta fue afirmativa y Obed comenzó el siguiente año en *Rocketship Discovery Prep*.

Azucena nos dijo que vio un cambio radicalmente positivo en la conducta y en la personalidad de Obed, incluso a partir de la primera semana de asistir a *Rocketship*. Me sentía orgullosa de ser embajadora de la escuela *Rocketship* en mi comunidad, y aunque a veces las personas critiquen o juzguen sin fundamentos por tomar este tipo de decisiones radicales, la balanza dentro de mi corazón me daba la respuesta de que todo lo que estaba haciendo por mi hija era para bien.

Antes de comenzar el cuarto grado, en las vacaciones de verano, Daniela hacía la tarea que le habían dejado; eran varias actividades que consistían en proyectos de tecnología y matemáticas. Por otro lado, mi hija Deborah hacía su aparición por primera vez en *Rocketship Sí Se Puede* para *kindergarten*, llena de entusiasmo y con ganas de aprender. Después de su primer año escolar, la cambié a *Rocketship Discovery Prep*.

Al comenzar el cuarto grado, Daniela tuvo una sola maestra para humanidades y matemáticas; al principio no estuve de acuerdo con la idea, pero después de observar en ciertas ocasiones a la maestra Shirakhon, llegué a la conclusión de que era lo mejor, ya que se trataba de una mujer que reunía muchas cualidades difíciles de encontrar en una sola persona. Su autoridad y personalidad inspiraron a mi hija a creer que ella podía superar cualquier reto que se le presentara en la vida. Gracias profesora Shirakhon por creer en Daniela y depositar algo hermoso en su corazón: esperanza.

Al finalizar cuarto grado, Daniela había triplicado su nivel de matemáticas de acuerdo con el examen estatal; en quinto grado se graduó con el nivel que debía de tener y lista para comenzar su aventura en la secundaria. *Rocketship Sí Se Puede* fue la escuela pionera en nuestras vidas, vidas que cambiaron el rumbo hacia un camino difícil y no solamente de nuestras vidas, sino que nos inspiró a comenzar el proyecto encaminado hacia una transformación en la vida de muchos niños y padres de mi comunidad, aquí en la ciudad de Redwood City, CA.

El nacimiento del proyecto.

Durante el tercer grado de primaria, Daniela nos traía reportes semanales de las actividades en *Rocketship* y fue cuando me di cuenta de que por las tardes había reuniones de padres líderes, las cuales eran organizadas por parte del grupo Pacto. En dichas reuniones se mostraba a los padres de familia cómo diferenciar entre una educación deficiente y una de buena o excelente calidad.

Cuando *Rocketship* se estaba expandiendo, yo enviaba a mi esposo a las reuniones para que supiera cómo se organizaban los padres, cómo se expresaban y como éstos se involucraban en cuestiones políticas en pro de sus hijos. Cuando él llegaba a la casa me informaba sobre lo que observaba. Por ejemplo, me contaba sobre los testimonios e historias que escuchaba, me decía que los padres de familia se sentían defraudados del sistema escolar y que se sentían impotentes por no poder hacer ningún cambio.

Nos parecía admirable la forma como hablaban y se comunicaban delante de sus oficiales electos, y cómo sus increíbles historias, difíciles de creer, hacían llorar a muchos en las reuniones que organizaban. Cuando nos dimos cuenta del poder que tenemos los padres de familia organizados por una causa justa, llegó a mi mente el siguiente pensamiento: «Si todo esto están haciendo los padres de familia en San José, ¿no se podrá hacer algo similar en Redwood City?

Nos identificábamos con ellos, nuestras historias eran las mismas, así como nuestros sentimientos y frustraciones; sus niños eran iguales también y fue allí, en ese preciso momento y desde lo más profundo de mi corazón, cuando aquello que se estaba gestando sin darme cuenta desde hace ya un tiempo, brotó de mi ser, un grito lleno de dolor, de angustia, de impotencia, pero a la vez ese grito venía cargado de fe, de justicia, de amor y sobre todo, de la convicción y certeza de un cambio en la educación académica de nuestra comunidad.

Así fue como di luz a «Nuestro Proyecto». Un proyecto ambicioso y justo para los más necesitados, que nació de mi corazón. El proyecto, básicamente, era traer una opción escolar a mi comunidad y esa opción era *Rocketship*. Mi comunidad debía enterarse de que podíamos tener más opciones escolares y esta idea nació en el verano de 2011. Pero, ¿cómo empezar? Esta era una de las muchas preguntas de mi mente. Mi esposo conoció a Karen, una madre líder, en una de las reuniones de padres de familia y le pidió consejos sobre cómo empezar algo aquí en nuestra ciudad. Ella se sorprendió de que mi hija fuera de otro condado, así como del esfuerzo que hacíamos todos los días para llevarla a la escuela sin importar la distancia.

Karen nos proporcionó el número telefónico de una persona de *Rocketship* y me comuniqué lo más pronto que pude. Esta persona me dijo que juntara alrededor de cincuenta familias que de verdad estuvieran interesadas en una opción escolar diferente. Éste fue el inicio de una ardua tarea, porque no tenía tiempo ni una guía de trabajo, pero la pasión por un mejor futuro para mis hijos era el motor que me movía. Azucena y Lupe, amigas mías, fueron las primeras dos personas que escucharon del proyecto, ellas trataron de hablar con sus amigos, pero a muy pocas personas les interesó involucrarse en lo que queríamos hacer.

Yo, por mi parte, enviaba a mi esposo a que fuera a la comunidad de North Fair Oaks a tocar puertas y por la tarde me entregaba un reporte sobre cómo le había ido, cuántas personas estaban interesadas en el proyecto y cuántos líderes potenciales podía haber allí. Yo por mi parte visitaba a los líderes eclesiales en mi comunidad que conocía, para que me dieran oportunidad de hablar en sus congregaciones. En mi mente y en mi corazón se empezaban a forjar sueños, no para mi persona, pero sí para poder ver a los niños de mi comunidad con una opción escolar diferente. Así mismo visualizaba a mis hijos viendo el fruto de nuestro esfuerzo y dedicación, imaginaba a mis hijos siendo testigos del fruto del proyecto que iniciábamos dentro del seno de nuestro hogar.

En fin, muchas cosas pasaban por mi mente, trataba de enfocarme en cada una de ellas sin perder la brújula y hacer lo mejor posible dentro de mis capacidades, las cuales eran muy limitadas. Sin embargo, Dios seguía abriendo puertas y nos dio un lugar fijo dentro de una iglesia comunitaria, al que le nombro «nuestras oficinas centrales», para poder llevar a cabo nuestras reuniones con los padres de familia de nuestra comunidad. Es ahí donde me di cuenta de que no iba a ser nada fácil, ya que literalmente empezamos de cero.

Para que usted, querido lector, pueda entender con mayor claridad mi situación al iniciar el proyecto, deseo compartirle un poco del trasfondo cultural y económico de mi comunidad, con el objetivo de tener un panorama más amplio sobre ésta en Redwood City, CA. Dicha ciudad, ubicada en el corazón de Silicon Valley, es la más antigua de la península de San Francisco y cabecera del Condado de San Mateo, fundado en 1856.

Para poder comenzar se debería informar y juntar gente, algunos le llaman «empoderamiento», concepto cuya definición todavía no existía en el idioma español cuando comencé a escribir este libro. En lo particular, la deseo utilizar solamente cuando los valores morales de las personas salgan a la luz. Refiriéndome específicamente a este proyecto en particular y en la comunidad latina, mayormente de descendencia mexicana. Estoy en contra de promover la palabra «empoderamiento» cuando ésta es utilizada en la necesidad de un éxodo masivo a consecuencia de una lucha por el poder entre el gobierno y el crimen organizado, en donde el pueblo común es víctima de estos dos bandos y paga el precio con sangre; es decir, con sus propias vidas y la de sus seres queridos.

El resultado es una migración obligatoria y las personas que vienen ya no confían en nadie, menos en un sistema de gobierno que no ha hecho otra cosa que abandonarlos a su suerte. Estos seres humanos migran hacia Estados Unidos en una trayectoria llena de miedo e incertidumbre. Sus mentes están enfocadas al norte y no cuentan con ninguna protección, los migrantes están expuestos a los más viles y crueles abusos por parte del gobierno y del crimen organizado. Cuando vienen familias completas, por lo regular, las niñas y la madre son violadas; a veces el hombre es obligado presenciar estos actos, y si les va bien, pueden seguir con vida.

Cuando los migrantes vienen en camino al norte son víctimas, ya sea de la policía judicial federal o de la policía de migración, de abuso de autoridad y despojados del poco dinero que les queda, con el simple pretexto de «cooperen para la causa» o «tienen que pagar la tarifa». Es increíble la cantidad de violaciones a los derechos humanos y civiles que sufren los migrantes en su trayectoria hacia una vida mejor. Interpreto la situación en nuestros países del sur de la siguiente manera: el Poder (el gobierno) no ama a sus hijos (el pueblo), más bien los engaña haciéndoles creer que desea un mejor futuro para ellos y les impone tareas y labores, sin ninguna recompensa más que solamente pan y agua.

El Poder los manda a la escuela, pero sin garantías de que van a tener un trabajo bien pagado y el resto de los niños (así como ancianos, discapacitados, personas de la calle, mujeres solteras, adictos, etcétera) son dejados a expensas de su suerte en un ambiente de inseguridad, víctimas de los más despiadados abusos por parte de sus agresores, sin un «Papá» (el Poder) que tenga la más mínima preocupación de ayudarlos. ¡Ah!, pero eso sí, vete del seno de tu hogar (nuestros países) a buscar dinero para que te ayudes y a tus hermanos (el pueblo), mientras yo («Papá gobierno») sigo disfrutando de vaciar las arcas del país y entreteniendo a la gente con telenovelas o partidos de fútbol para que no se den cuenta de la realidad… ¡Su realidad! ¡Nuestra realidad! ¡Mi realidad!

Es inconcebible hasta dónde puede llegar la maldad humana. No es posible que a un niño de la calle, que está abandonado y sin un lugar donde vivir, sin unos brazos que le den amor y seguridad, que depende de vender gomas de mascar en la calle, aun a él se le extorsione con pagar una tarifa y que tenga que aceptarla para seguir sobreviviendo. Por eso me niego a utilizar la palabra empoderamiento bajo estos parámetros de crueldad y de justicia. En lo personal, no he conocido hasta el momento un caso en el que una familia celebre la despedida de un ser querido, para ir a buscar lo que no se tiene, hacia un rumbo o lugar desconocido. En lo personal, no puedo utilizar la palabra «empoderamiento» partiendo de un quebrantamiento familiar, porque ésta es la base y la institución más sólida de una comunidad.

El poder existe, pero también existe el mal uso del poder. ¿Por qué no utilizar el poder para bien?, ¿por qué no empoderar en un ambiente de justicia y de equidad? Hago mención de esto para describir un poco el contexto cultural de los padres que, en su mayoría, vienen de México hacia los Estados Unidos, y para mostrar un panorama más amplio de la problemática, así como mostrarte, a ti lector, cuál es la dificultad de querer entablar un diálogo de confianza con los padres de familia, ya que los problemas sociales como el de la educación no están dentro del perímetro de sus vidas o de su vocabulario, ya que existe un desconocimiento casi total del tema y un desinterés por aprender del mismo, porque nuestra prioridad es llevar un bocado a la mesa, para poder sobrevivir aquí en el Silicon Valley.

Una gran parte de ellos carecen de una educación media o superior, como es mi caso. Es por esa razón que yo, como madre latina, me identifico plenamente con esa comunidad, porque soy una madre más, una inmigrante más, una latina más, un número más, una estadística más, una mujer más dentro de ese mar de incertidumbres que nos agobia cada vez más en la búsqueda, a veces desesperada, de un futuro cada vez más incierto, tanto para mí como para los de mi comunidad.

Es por eso que decidí emprender el proyecto, no con el fin de empoderar a los padres, sino más bien mostrarles que tenemos un deber y una enorme necesidad de que nuestros hijos latinos, afroamericanos e isleños del Pacífico sean valorados y tratados con dignidad; niños que merecen tener acceso a una preparación académica de alta calidad gratuita, con el fin de que sean aptos para ejercer un oficio competitivo en cualquier parte del mundo, y sobre todo aquí, en esta área, que es donde están las principales redes sociales y los trabajos de tecnología que ofrecen otro nivel de vida. ¿Qué podríamos perder?, ¿bienes?, si ya lo hemos perdido todo. ¿Dignidad?, si la nuestra es pisoteada todos los días. Me niego a vivir en un limbo virtual y es por esa razón que decidí escribir este libro para decirte a ti, padre o madre de familia, que si tienes un proyecto en mente, por favor ¡no te rindas!

Posiblemente tú seas la única esperanza para algunos que, cualesquiera que sean las circunstancias, no tienen voz y dependen de ti. ¡Atrévete a soñar! ¿Por qué no? ¡Tenemos derecho!, porque ahí es donde encontramos consuelo y abrigo para nuestras almas agobiadas y para nuestros cansados cuerpos. No importa qué tan loco sea tu sueño, desayuna con él, come con él, cena con él. ¡Abrázalo! Y no lo sueltes, aférrate a él, porque si tu sueño es un proyecto que está basado en el amor a los tuyos y a tu prójimo, ten la seguridad de que dará fruto a su tiempo. Ten fe porque para el que cree, todo le es posible.

Por fin iniciamos el proyecto, animados tres mamás, un papá y cuatro niños, salíamos a la calle después de nuestra jornada laboral, cansados pero llenos de fe y con propaganda de la escuela Rocketship "Si se puede" de la ciudad de San José, para tener una prueba física de lo que queríamos conseguir, que era reunir firmas suficientes para así, de alguna manera, llamar la atención de Rocketship. Nos distribuíamos en diferentes partes de la ciudad, pero principalmente íbamos al área de Fair Oaks porque sabíamos que ahí es donde se palpaba más la necesidad.

Así pasó el tiempo y pudimos conseguirlo, estábamos contentos porque fue nuestro primer logro como grupo. Durante ese proceso tuvimos el privilegio de conocer a un grupo de madres de familia maravillosas que se unieron a nosotros. Aquí hago un paréntesis para elogiar a esas madres cuyas vidas habían sido marcadas por diferentes circunstancias adversas, algunas de ellas eran madres solteras, algunas de ellas no tenían el apoyo del esposo en el hogar, algunas de ellas tenían enfermedades crónicas, otras tenían niños con discapacidades y así podría seguir con la interminable lista, pero esas madres estaban dispuestas a seguir en el proyecto.

El tesón de ellas era inigualable, ya que varias de ellas venían caminando desde sus casas con sus hijos a cuestas, algunas de ellas con bebés casi recién nacidos, muchas veces caminaban bajo la lluvia en el frío del invierno, en el viento avasallador o en la oscuridad de la noche, con el peligro de sufrir un asalto o un accidente, y verlas llegar empapadas por la lluvia, cansadas de caminar, algunas con cinco niños alrededor de ellas; otras llegaban directamente de su trabajo sin haber ingerido alimentos, pero llegaban a nuestra reunión con una sonrisa y diciendo: «¡Hola, buenas noches! Disculpen si llegamos tarde, no tenemos excusa, pero aquí estamos listas para aprender».

Me pongo de pie delante de ellas y les brindo todo mi respeto y admiración, porque ellas son el motor de este proyecto. Ellas son los pilares de este grupo, porque sólo ellas pueden ser el soporte de su hogar y el de su prójimo, sin esperar nada a cambio, olvidándose en la mayoría de las ocasiones de ellas mismas. Nosotras somos las obreras invisibles que hemos sido difamadas, maltratadas, humilladas y despreciadas. Todo por el simple hecho de pensar diferente, por el sueño de querer tener un vecindario mejor, por defender la postura de que un niño de padres de bajos recursos también merece ir a una universidad.

Todas nosotras trabajamos voluntariamente sin recibir ninguna recompensa monetaria. Nosotras fuimos las que, en conjunto con los niños, salíamos a la calle a defender los sueños de nuestros pequeñines que no tienen voz ni voto. Nosotras nos pusimos en el camino por ellos, sin armas ni violencia. Nuestros valores morales eran nuestra única credencial, combinada con una organización relacional. Nuestras vidas literalmente estaban en riesgo, ya que no toda la comunidad piensa igual que nosotras.

Estábamos conscientes de que había varios grupos de personas que no compartían nuestros pensamientos. Lamentablemente para ellos, ninguno de estos grupos tenía argumentos suficientes para derribar los nuestros. Ante la justicia y la equidad es muy difícil oponerse, a menos que se esté influenciado por la corrupción, pero nuestro grupo sabía perfectamente que lo que nosotros queríamos conseguir era algo más allá que no se podía comprar con dinero: un legado.

Al fin llegó la noche en que tuvimos la oportunidad de entregar la lista de nombres de personas de Redwood City que estaban interesadas en el proyecto. Lupe fue la madre voluntaria que entregó esta lista. Estábamos expectantes por conocer la respuesta de la escuela, pero lamentablemente la persona con la que tuvimos nuestro primer contacto y quien nos sugirió recolectar las firmas, ya no trabajaba para *Rocketship*. Sin embargo, otra persona recibió las firmas que recolectamos y con una sorprendente frialdad simplemente nos dijo que en *Rocketship* estaban muy ocupados con otros proyectos, por ejemplo, en abrir una escuela en San Francisco y dos más en San José.

En síntesis, nos comunicó que un proyecto en Redwood City, CA. no estaba contemplado en lo más mínimo por lo menos en los siguientes cinco años. Eso fue una bofetada para nuestro trabajo, otra pisoteada más a nuestra ardua labor y a nuestra dignidad. ¿Con qué cara regresaríamos a decirle al resto de los padres que el esfuerzo de ocho meses se fue a la basura? Teníamos que tomar una de dos decisiones: Seguir adelante o abandonar el proyecto. Decidimos que seguiríamos la primera opción, pero básicamente no teníamos ya un blanco claro, ya que Rocketship había cambiado de opinión.

Así pasaron varios meses en donde los padres nos preguntaban: «¿y qué pasó?» o «cómo va todo?». Preguntas de ese estilo que, en mi interior, me hacían sentir incómoda, ya que tenía que mantener mi cara en alto, pero en realidad, por otro lado, me sentía decepcionada. Nuevamente ocurrió un acontecimiento que me hizo mirar la luz después de la oscuridad, el sonido después del silencio y fue cuando recibimos una llamada de nuestra amiga Karen de San José, diciéndonos que no se había olvidado de nosotros y que existían grandes posibilidades de que *Rocketship* estuviera interesado en explorar alguna posibilidad de proyecto escolar en Redwood City, CA.

Esa misma semana sucedió lo que yo nombro «intervención divina», «justicia divina» o como usted lo quiera llamar, lo cierto es que otra llamada telefónica que recibimos fue la que cambió el rumbo de nuestra historia como grupo; sin temor a equivocarme, la más importante para mí como madre líder y como fundadora del grupo. Esa llamada fue de *Innovate Public Schools*, una organización no gubernamental (ONG) que nos ofreció su ayuda incondicional. Aunque desde un principio no nos prometió nada, sí nos ofreció trabajar arduamente, hombro con hombro, en abogar por una mejor educación para nuestros hijos.

La transparencia que vi en *Innovate* fue sincera y tuve plena confianza en empezar a trabajar como equipo. Me siento orgullosa de decir que fui la pionera en la formación de un grupo de padres de *Innovate Public Schools* en Redwood City, CA, conformado por padres y madres de diferentes países, pero unidos por las mismas preocupaciones y también, por lo general, teníamos las mismas preguntas que nos agobiaban cada vez más. Una de las preguntas más frecuentes que había en el grupo era: «¿por qué nuestros hijos no pueden leer?» o «por qué el nivel de matemáticas de nuestros hijos es tan básico?». Estas preguntas sólo eran parte de una gran lista, pero que yo, en lo personal, y también el grupo en general, estábamos dispuestos a aprender por el bien de nuestros hijos.

Innovate fue crucial en este proceso. *Innovate* estaba con nosotros todo el tiempo, como una madre con un recién nacido, y empezamos a aprender desde lo más básico como: «¿qué es un API?», «¿cuál es la diferencia entre una escuela con inmersión al español y otra que no lo es?». Hoy en día estos términos ya no existen porque han sido sustituidos por el nuevo sistema, pero en su tiempo fueron de gran ayuda para comparar las escuelas de nuestro vecindario. Ya que todo proyecto requiere tiempo y compromiso (y la mayoría de los padres de familia no lo tenemos), llegamos a un punto en nuestro aprendizaje en el que nos dimos cuenta de que el proyecto sería más grande de lo que imaginamos, ya que la situación académica de los niños en nuestra comunidad era bastante desfavorable.

En este punto del proyecto es cuando existe mucho desánimo y fácilmente se puede tirar la toalla pues la situación, al menos en nuestro caso, requería de tiempo y compromiso y estos dos factores son cruciales en cualquier proyecto. Recomiendo a cualquier persona que esté iniciando algo que no pierda la fe, ya que aunque no se vea la luz al final del camino, tenemos que tener la certeza de que la ayuda vendrá de una forma u otra; no te rindas aunque las circunstancias sean adversas y tu propia gente se desanime. No te rindas. Cuando cruce por tu cabeza la idea de abandonar todo, regresa a tus valores y si es verdadero y justo lo que estás haciendo, ¡no te rindas! En mi caso personal, todas mis cargas las ponía en mis oraciones y encontraba refugio en Dios.

Después de varios meses de aprendizaje, nos sentimos seguros de dar inicio a juntas de investigación con nuestros oficiales electos. La primera junta de investigación fue con la superintendente y, aunque pedimos hablar con ella en privado, pues queríamos saber cuál era su plan, la sorpresa que nos llevamos ese día fue que ésta invitó a todo su gabinete. Los escuchamos aproximadamente veinte minutos, y por nuestra parte les hicimos saber nuestras preocupaciones, pero también les expresamos nuestro interés en traer una escuela *Rocketship* a nuestra comunidad.

Salimos desilusionados de nuestra primera junta de investigación porque el futuro de nuestros niños no era nada prometedor. Así mismo, también comenzamos a tener juntas de investigación con la ex alcaldesa, con el alcalde en turno, con los miembros de la mesa del distrito escolar, con la superintendente escolar del condado de San Mateo, con algunos *trustees* del condado de San Mateo, con la presidenta del distrito escolar de Redwood City, CA, con el supervisor de North Fair Oaks, con el *city manager*, el *planner manager y* con el *CEO* de *Rocketship*; también fuimos a visitar y a conocer la cultura de otras escuelas fuera del estado y también en las áreas de la bahía, tales como *Caliber, Voices, Alpha, ACE, DCP* y, por supuesto, *Kipp* y *Rocketship*.

En total fueron treinta y dos juntas de investigación en nuestro primer año. Deseo insistir en que el motivo por el cual visitamos este tipo de escuelas fue por su cultura académica, en donde los estudiantes de bajos ingresos recibían clases como: código, motivación, ciencia, diseño de páginas *web*, fotografía, vídeo, robótica y que también eran «retados» académicamente y se les daba el derecho de pensar. Además, siempre existió un vocabulario adecuado, clases en pequeños grupos, aprendizaje individualizado, excelentes maestros y, sobre todo, resultados académicos satisfactorios, comparados con las demás escuelas en la bahía.

Parece fácil decirlo, pero llevarlo a cabo requiere literalmente un sacrificio sobrehumano y extraordinario. Lo diré así: mientras muchas personas se encontraban cenando en el calor de su hogar o tal vez, viendo su programa favorito, nosotras nos preparábamos con un café en la tarde-noche para llevar a cabo estas juntas de investigación de la mejor manera posible, de acuerdo con nuestras posibilidades y limitaciones. A veces esto se repetía hasta cuatro veces por semana. No es lo mismo trabajar como voluntaria en una escuela que ya existe, que trabajar en el ámbito político para traer una escuela a nuestra comunidad.

Cuando nuestro grupo cumplió el ciclo para poder organizar una acción comunitaria, estábamos un poco temerosos, pero nuestros niños nos motivaron a continuar, aunque ya para este punto no había opción de titubear, sino de dar el todo por el todo. Compartiré una carta que le escribí a *Rocketship* durante esta etapa del proyecto:

«Es un reto enfrentar las realidades y las circunstancias diarias de la vida familiar, pero ciertamente es mucho más difícil pararnos frente a nuestros niños, mirarlos a la cara y decirles '¡Vamos, tú puedes hacerlo'!, cuando nosotros hemos fallado; o decirles: '¡Trabaja duro en la escuela!' '¡Gradúate!, cuando muchos de nosotros ni siquiera hemos terminado la educación primaria. También les decimos: '¡Tú puedes tener un futuro prometedor y una profesión con éxito!', cuando en muchas ocasiones somos humillados por nuestros jefes delante de nuestros niños, y tenemos que tragarnos nuestra dignidad para no perder la oportunidad de llevar un pedazo de pan a la mesa de nuestros hogares.

Los héroes de nuestros niños usualmente no se encuentran en sus hogares, sino en el mundo del entretenimiento o de las culturas populares; pero aquí en la ciudad de Redwood City, CA, existe un grupo de padres que está dispuesto a cambiar eso, así como la historia local de nuestra ciudad. ¡Nosotros también somos héroes! Nosotros no poseemos títulos académicos o salarios de seis cifras, por eso nos unimos y trajimos nuestros miedos e inseguridades para que nuestros oficiales electos escuchen nuestras experiencias.

Una cosa es segura: no regresaremos a nuestro *status quo*. Alcanzaremos nuestra meta, que es una educación justa para nuestros niños y también para todos los que han sido olvidados y dejados atrás. Es por eso que *Rocketship* es tan importante para nosotros. Creemos en su compromiso como escuela pública y sabemos que están teniendo éxito trabajando en comunidades similares a la nuestra. Continuaremos tocando puertas y anunciando a nuestra comunidad que un futuro mejor es posible, y que podemos dejar un legado para nuestros niños, pero debemos organizarnos para ello.

Nos levantaremos y mantendremos nuestras caras en alto para defender a nuestros pequeñines, enseñándoles y demostrándoles a través de nuestro ejemplo que también poseemos valores y dignidad. Nuestros pequeñines sabrán que un padre líder no se mide por lo que posee, sino por su esfuerzo por sobresalir. No se nos está haciendo nada fácil, pero todo lo que estamos haciendo por nuestros niños está basado en los principios básicos de la justicia. No estamos pidiendo nada especial, solamente equidad para nuestros niños; que ellos se puedan sentir seguros, que puedan sentir que está en el camino correcto y que su escuela los apoya y guía para salir de la brecha académica que existe en nuestro sistema de educación.

Sabemos que si los niños no tienen una buena base académica en los primeros años, posiblemente fracasarán en un futuro próximo. Es por eso por lo que estamos haciendo este trabajo en nuestra comunidad de Redwood City, CA, porque sabemos que actualmente nuestros niños no tienen una opción que los empuje y los prepara para adentrarse al mundo de la tecnología y de los negocios. Todo lo que anhelamos es que nuestros hijos tengan éxito en el Silicon Valley. Nos ponemos de pie para decir: '¡Aquí estamos!' '¡También somos seres humanos y merecemos una mejor educación académica!'.

Rocketship, te lo pedimos. Ven y quédate con nosotros. Creemos que muy pronto veremos el día en que cientos de niños y padres a través del condado de Santa Clara y San Mateo, un día por la mañana, al unísono, se escuchará una gran voz declarando que somos *Rocketeers* en nuestro hogar, en nuestra escuela y en nuestra comunidad».

Volviendo a lo que mencioné anteriormente acerca de que nuestro ciclo como grupo ya demandaba una acción comunitaria, definitivamente era poner nuestra fe por obra, ya que solamente nuestra fe, nuestro testimonio, nuestras palabras, nuestro tesón y la persistencia de un grupo de padres radicales que no tenían ya nada que perder ante la sociedad, pero a la vez todo que perder delante de los suyos. Estaba en juego nuestra reputación delante de nuestros hijos, los cuales sufrieron cada día de nuestra ausencia por estar en las reuniones; la mayoría de nuestras madres líderes prácticamente estaban hipotecando su matrimonio por seguir siendo la voz de sus hijos, los padres perdían el poco tiempo que podían disfrutar con sus familias.

En no pocas ocasiones los cumpleaños, las vacaciones y los aniversarios se convirtieron en mitos; nuestra realidad estaba enfocada en sentar bases sólidas de organización relacional para futuras generaciones. Aunque perdiéramos las nuestras, alguien se tenía que sacrificar y yo estaba consciente de ello. No es fácil dar el todo por el todo, pero el proyecto lo ameritaba y la acción comunitaria que estábamos organizando era nuestra graduación.

Pero al parecer Dios honró nuestro esfuerzo y sacrificio porque durante este proceso se unió a nosotros una escuela más. Esta escuela, sin conocernos a fondo, nos trató con respeto y, desde que empezó nuestra relación hasta el momento en el que estoy escribiendo este libro, sigue estando no solamente conmigo, sino con todo el grupo. Su nombre es *Kipp*, la cadena de escuelas que hoy en día cuenta con alrededor de doscientos planteles en diferentes estados del país y cuyo nombre ha sembrado una reputación académica favorable para los más necesitados.

Ahora no solamente era una escuela, sino dos. *Rocketship* estaba en duda en ese momento, ya que en una reunión privada con el grupo decidieron dar marcha atrás, pero *Kipp* nos aseguró que estaría con nosotros. Era entonces cuando el grupo de padres líderes se distribuía dentro de su vecindario con la tarea de repetir simbólicamente el Grito de Dolores, pero con un contexto diferente y actual; es decir, alentar a todos los miembros de su vecindario para que el 14 de marzo de 2014 hicieran acto de presencia en nuestro centro comunitario para festejar por primera vez en la historia de nuestra ciudad, para que la comunidad hispana saliera de sus escondites y encabezar una reunión con nuestros oficiales electos del distrito escolar de Redwood City, CA, así como del condado escolar de San Mateo, incluyendo también a los representantes de la escuela *Rocketship* y *Kipp*, para que la voz de nuestros niños fuera escuchada a través de nosotros… sus padres.

Un día antes de nuestra acción comunitaria hicimos una ardua labor en nuestra base central. Quedamos agotados pero aquella noche nos tomamos de la mano y elevamos nuestras voces en oración a Dios. Al despertar tenía paz y tranquilidad, porque sabía que habíamos hecho nuestro máximo esfuerzo.

Por fin llegó la noche esperada. En nosotros ocurrió una metamorfosis, estábamos dispuestos a probar que teníamos el potencial de impactar nuestra comunidad. ¡Éramos los *Avengers* de nuestros hijos!, pero a diferencia de los que salían en el cine, nuestras vestimentas eran de humildad, cubiertas por una coraza de fe y de justicia que solamente las personas que compartían nuestros valores y los niños abandonados por el sistema podían distinguir.

Las mujeres líderes que participaron esa noche dignificaron a la mujer, a la madre, a la amiga, a la trabajadora, a la esclava, a la discapacitada, a la pobre; y probamos que juntas hacemos diferencia si nos une el amor a la causa. Esa noche nuestra primera acción comunitaria fue un éxito, fuimos escuchados por nuestros oficiales electos, pero también escuchamos por primera vez que oficialmente las escuelas *Rocketship* y *Kipp* estarían dispuestas a enviar una petición al distrito escolar, con la intención de abrir dos escuelas para el próximo año escolar de la siguiente manera: mientras *Rocketship* abriría kínder transicional al quinto grado, *Kipp* abriría kínder transicional al octavo grado.

Nuestra primera graduación como grupo de padres fue un éxito. Agradecimos a todos los presentes y lanzamos un mensaje público: «Existimos, somos parte de la solución, crean en nosotros y en nuestros hijos».

Poco tiempo después de nuestra acción comunitaria llegó el momento del voto final, precisamente en mi cumpleaños, el día que se aprobaron de forma unánime dos escuelas chárter en nuestra ciudad. ¿Qué más podía sentir? Solamente agradecer a Dios, a los padres, a *Innovate*, al distrito escolar, ¡a todo el mundo! Y me sentí realizada, aunque fuera solamente por una noche. ¡Se vale! ¿Por qué no? Por supuesto que sí, al igual que todos los que estábamos esa noche. También recibí la noticia que la *California Chárter Schools Association (CCSA)* me otorgó el reconocimiento en el 2015 llamado *Hart Vision Volunteer of The Year* por mi trabajo voluntario en mi comunidad, y poco tiempo después recibí en mi hogar la visita de Dr. John King, secretario de educación de la nación durante la administración del presidente Obama.

La segunda parte del proyecto había sido un éxito, ahora empezaba la fase tres, que consistía en construir lo que no se veía, en darle forma a las escuelas que físicamente no teníamos todavía. Nuestro trabajo consistió en hablar nuevamente con la gente de la comunidad que estuviera interesada en la escuela *Kipp*, pues era necesario que llenaran el formulario de interés (con base en la Proposición 39) para someterlo al distrito escolar y éste, por consiguiente, proveyera un espacio para los estudiantes dentro de una escuela ya existente.

Por otro lado, *Rocketship* buscaría un terreno disponible para construir su escuela. En síntesis, *Kipp* abriría el primer año escolar *TK* (kínder transicional, *kindergarten, primer grado* y cuarto grado) y cada año escolar añadirían un grado hasta llegar al octavo. Mientras que *Rocketship* abriría kínder transicional al cuarto grado y posteriormente abrirían el quinto grado, para así completar la primaria, que es precisamente la especialidad de *Rocketship*.

Empezamos muy bien, la gente de la comunidad respondió de forma extraordinaria. ¡Gracias a todos los que participaron! En ese momento es cuando todo el estrés es desalojado de nuestro ser y nuestras fuerzas son renovadas, nuestra mente se aclara y vienen ideas nuevas y frescas.

ROCKETSHIP
PUBLIC SCHOOLS
rsed.org

Rethinking elementary school
from the ground up.

REDWOOD
CITY PREP
BAY AREA

Vote For
Voten Por
Our Kids Our FUTURE!
Nuestros Niños Nuestro Futuro

Innovate

Trabajar como madre voluntaria con *Innovate Public School* es para mí una bendición, pues es una ONG que cumple por lo menos con los tres niveles de organización que busco. En mi comunidad no existe, al menos que yo sepa, una ONG o iglesia que cumpla dichos requisitos, pero *Innovate* sí lo hace a cabalidad. Como madre pienso que no tiene caso perder el tiempo en un lugar que solamente camina en círculos sin que se obtengan resultados tangibles.

Innovate tiene profesionalismo y visión, pero lo más importante es que es una ONG con valores similares a los míos; es decir, de justicia y equidad para los niños que son académicamente abandonados. Pero su cosmovisión es más completa, a mí entender es mandar un mensaje a la nación diciendo: «¡Trabajemos juntos por y para el bien de este país! ¡Hagamos a un lado nuestras diferencias y dejemos un legado de credibilidad hacia nuestro prójimo! ¡Veamos al mundo como un todo, lleno de oportunidades en donde no importe tu situación, tus problemas, tus frustraciones, tus miedos, tu apariencia, tu raza, tu color! ¡Tú eres un ser humano digno de respeto!».

Innovate me da la oportunidad de sentirme útil. Por citar un ejemplo, me dan la oportunidad de entrevistar a futuros prospectos que puedan trabajar para *Innovate*. Es así como desarrollo mi capacidad de discernimiento. Puedo detectar cuando una persona es apta para trabajar con los padres de bajos ingresos. *Innovate* es un ejemplo a seguir y te animo a ti, padre o madre de familia, a que vengas a conocer esta ONG, no importa de dónde vengas, te aseguro que algo aprenderás y que te recibirán con los brazos abiertos.

Y si tú eres un líder religioso o pastor de cualquier denominación, también te invito a que conozcas esta ONG, cambiará la forma y perspectiva en que desarrollas tu liderazgo. Te lo digo por experiencia y comparto contigo solamente un ejemplo, palabras textuales que escuché de un pastor evangélico afroamericano que comentó: «Hemos impactado nuestra comunidad con nuestras herramientas, pero con lo que hemos aprendido de *Innovate* tendremos un impacto más amplio y profundo». A través de *Innovate* he conocido gente visionaria y emprendedora de diferentes partes del país.

También he conocido organizadores que han desarrollado esta profesión como un verdadero arte. *Innovate* fue la confirmación y la ayuda que estábamos esperando. No podía creer que hubiera gente interesada en ayudarnos sin pedirnos nada a cambio; por el contrario, *Innovate* nos dio algo que para nosotros era un mito: esperanza. Pero ésta venía acompañada de profesionalismo, pasión, trabajo, preparación, verdad y respeto. Así pasó el tiempo y a nuestro grupo se unieron más padres que creían en el proyecto y en *Innovate*. Aprendíamos todos juntos como en un salón de clase, cada reunión era algo nuevo e interesante. Todo era llevado a cabo ordenadamente con agenda, podía ver como *Innovate* se bajaba a nuestro nivel y literalmente practicó la compasión conmigo y con el grupo de padres.

Una de las herramientas que *Innovate* nos proveía eran los reportes de datos referentes al nivel académico de nuestros estudiantes, de acuerdo con su perfil socioeconómico. Estos reportes son fáciles de entender y podemos compartirlos con más personas de nuestra comunidad. Otro de los aspectos más importantes a considerar respecto a *Innovate* es que apoyan a los padres, pues nos otorgaban entrenamiento y talleres gratuitos, así como alimentos y servicio de guardería para que pudiéramos enfocarnos mejor en nuestras labores.

Innovate sigue sorprendiéndome y es que ellos, como jóvenes talentosos, podrían trabajar en cualquier otra cosa, pero están a nuestro lado creyendo en nosotros y en nuestros hijos, con una visión enorme de engrandecer esta hermosa nación desde la raíz. No es fácil para nada el trabajo que desempeñan, por eso no tengo más que palabras de respeto y de agradecimiento. Ellos son parte de mi vida. Muchas gracias, *Innovate Public Schools*.

Las iglesias

Cuando teníamos un grupo central de padres ya establecidos y comprometidos a trabajar en el proyecto, sabía que necesitaríamos visitar a los líderes eclesiásticos de la comunidad, sin importar su denominación o religión, para entablar una relación y explicarles en qué consistía el proyecto y el porqué de la razón de éste. Me di a la tarea de visitar la mayor parte de las iglesias de mi comunidad, principalmente donde sabía que acudían familias de bajos ingresos, con la intención de quizás llamar su atención sobre el tema. Pero me di cuenta de que las prioridades de la mayoría de estos líderes religiosos son personales y no tienen el más mínimo interés en ayudar a sus feligreses, mucho menos de comprometerse en temas sociales que afectan directamente a sus miembros.

A través del tiempo y por experiencia propia, he podido observar algunas contradicciones en las que las iglesias de mi comunidad han caído y, por consecuencia, algunas de ellas están literalmente en estado de hibernación. Respecto a lo que pude observar, se está promoviendo una teología mutilada, en donde las iglesias quieren vivir en una burbuja imaginaria, sin detenerse por un momento a pensar en las consecuencias negativas que esto acarrea. Este tipo de teología promueve los liderazgos exprés y promueve un Evangelio bajo un contexto caudillista latinoamericano, con lo que crea confusión entre el pueblo.

El pastoreo y el liderazgo se han devaluado enormemente y se ha convertido en un negocio personal, en donde solamente los vínculos familiares del líder son los beneficiados. La Biblia ha sido escrita por una cultura mediterránea en donde el honor y el patronazgo son su base fundamental de la vida sociocultural hasta hoy en día. Pero la mayoría de los líderes eclesiásticos de mi comunidad, al parecer, ignoran esto y no consideran la crítica textual ni hacen una correcta interpretación del Evangelio. La Biblia contiene ocho géneros literarios principales, pero también contiene subgéneros y formas que no se están tomando en cuenta para enseñar al pueblo hispanoparlante de esta región.

Esto pone en una posición de desventaja, y sobre todo, deja un mal testimonio de la iglesia evangélica. Es muy difícil interpretar la Biblia solamente bajo nuestro contexto latinoamericano, sin tomar en cuenta la cultura original; al hacer esto estamos siendo egoístas y no estamos considerando el texto bíblico como una persona, sino como una historia. La Iglesia es responsable de implementar una teología integral basada en el amor y en la justicia para los más necesitados. Debe de tener los mecanismos apropiados para enfrentar los problemas actuales con eficacia.

Estoy convencida de que toda organización debe de reunir tres niveles indispensables para impactar de manera positiva en su sociedad, que son: servicio comunitario, desarrollo comunitario y ser agente de cambio. Si la Iglesia o cualquier ONG reúnen por sí misma estos tres niveles, tendrán éxito en cualquier cosa que emprendan; y si no, es menester de ésta aliarse con una ONG que sí reúna estos tres niveles, si es que desea ayudar a su comunidad. Si la Iglesia carece de un verdadero líder éste ignora su entorno social, económico y político de manera profesional, entonces me atrevo a decir que en primer lugar no es una iglesia, sino una secta dirigida por un hombre o por un grupo de personas que, a su vez, son dirigidas por sus emociones y ambiciones personales.

De igual forma, desde mi punto de vista, aseguro que se ha malinterpretado el ser líder religioso a tiempo completo dentro de nuestra comunidad hispana. Tal vez usted como lector esté en desacuerdo con este comentario, pero para asegurar esto me baso particularmente en las iglesias independientes, ya que están cerradas la mayor parte del tiempo. Los horarios por lo regular son nocturnos y de fines de semana. La santidad se mide de acuerdo con el número de veces que se va a la Iglesia, pero aquí en el Silicon Valley hay personas que trabajan de noche y otras tienen dos o hasta tres empleos para poder sobrevivir en esta área.

Estas personas forman parte de un grupo social que es invisible para la Iglesia, no existe interés en ayudarlos, ¿por qué?, por el simple hecho de no coincidir con los horarios de la Iglesia. ¿Qué de los presos?, ¿qué de los niños que están yendo a las cortes de inmigración, sin un abogado que los defienda?, ¿qué de los niños que están siendo abandonados académicamente?, ¿qué de las viudas?, ¿qué de las familias que están siendo desalojadas diariamente aquí en el área de la bahía?, ¿qué de las personas con diferente orientación sexual?, ¿qué de las personas discapacitadas?, ¿qué de las jóvenes que están escapando de la poligamia? Simplemente la iglesia hispana no tiene respuesta a esas necesidades. Lo decepcionante es que como líderes eclesiásticos tengan todavía la insensatez de irse de vacaciones ¡hasta tres meses por año! o de estar en las mañanas descansando o en el gimnasio mientras el pueblo se parte el lomo en largas jornadas laborales.

La gente que trabaja de noche necesita ayuda durante el día, los dueños de los negocios desean empezar temprano su día con alguien que los orienten a ser buenos jefes, los jóvenes buscan refugio en la media tarde, los discapacitados necesitan quien vaya hacia ellos, pero la Iglesia tiene un horario que deja mucho que desear. Así no es la Iglesia que Cristo instituyó. El pastoreo es una vocación, es acudir a la llamada del Maestro, pero cuando él llama es porque ha habido un proceso de preparación exhaustiva para soportar la responsabilidad y el compromiso que esto acarrea.

Solamente es cuestión de detenerse y analizar fríamente lo que acontece en el mundo eclesiástico hoy en día. A la Iglesia Católica se le acusa de abusos sexuales y a la Iglesia Protestante se le acusa de desfalcos y fraudes económicos al pueblo. ¿Hasta cuándo se detendrá esto? Hasta que el pueblo deje de idolatrar a esos líderes tóxicos y les exijan cuentas. La Biblia dice: «El buen pastor da su vida por las ovejas», pero hoy en día es al revés, son las ovejas las que dan su vida por el pastor.

Algunos ejemplos claros suceden en la ciudad de San José, California. En un área viven alrededor de mil personas sin hogar, incluyendo niños, mujeres, hombres, personas discapacitadas, personas con diferente preferencia sexual, etcétera. La licorería siempre está abierta, todos los comercios están abiertos, pero a unos metros está una enorme iglesia protegida con barrotes de metal, para que nadie pueda entrar y solamente está abierta para los «elegidos» en cómodos horarios para ellos. Otro ejemplo está en la ciudad de East Palo Alto, en donde alrededor del 42% de los estudiantes estaban sin hogar y viviendo en los carros junto con sus padres, pero las iglesias hispanas evangélicas no quisieron saber absolutamente nada del tema.

A mí se me empezó a criticar en la Iglesia porque dejé de asistir regularmente, ya que ya había iniciado el proyecto y me demandaba mucho tiempo. Me decepcioné al notar que a ningún líder religioso le importaba lo que

estábamos haciendo, aunque este proyecto iba a ser benefi-
cioso para todos, incluyendo a ellos mismos. No sé si están
cegados por las migajas del pan o si, tal vez, su deseo es que
el pueblo permanezca ignorante. Perdóneme, mi querido
lector, si estoy siendo directa, pero hasta ahora no he escri-
to nada que no haya vivido en carne propia.

A pesar de no tener un panorama claro, decidí seguir
adelante y Dios puso en nuestro camino a una iglesia comunitaria. Esta Iglesia da tutoría a niños de primaria por
las tardes y cuando se les planteó el proyecto creyeron en
nosotros, pues sabían de primera mano la problemática
que nuestros niños enfrentan, ya que, por citar un ejemplo, había niños de tercer grado de primaria con un nivel
de lectura casi nulo. Gracias a esta iglesia comenzamos a
informar a la gente acerca de las posibles opciones escolares que podríamos obtener en nuestra comunidad, así
como sobre la desfavorable situación de nuestros estudiantes de bajos recursos y, además, aprendices del inglés.

Nuestra labor consistía en repartirnos el trabajo, pues
mientras una parte del grupo se enfocaba en la comunidad,
otra parte del grupo iba conmigo a las iglesias, principalmente los días domingo, para tratar de ser escuchados y compren-
didos. Pude identificar que definitivamente, para tener éxito
en la transmisión del mensaje, primeramente se debe con-
cientizar al líder, ya que cuando éste exhorta, el mensaje cobra
más fuerza, ya que la gran mayoría de las personas le creen.

No todo fue negativo en mi experiencia de visitar iglesias, también hubo experiencias positivas, como la que tuvimos en una Iglesia de Dios. Era una de esas noches en las que entran por la mente algunas dudas, o se asoman esos malvados fantasmas generacionales que tanto han golpeado al pueblo latinoamericano anteriormente. El Pastor nos había concedido una charla en su oficina y nos invitó al servicio un viernes por la noche; y así fuimos. Estábamos ahí un número importante del grupo principal de padres y por fin llegó el momento en el que se nos iba a dar la oportunidad de hablar frente a la congregación.

¿Cuántos minutos?, era una incógnita, lo que sí era verdad era que estos padres de familia de *Innovate* estaban preparados para todo. Empezamos a hablar, ¡pero ocurrió el milagro menos esperado! El Pastor se levantó de su asiento, se dirigió a nosotros y nos dio instrucciones de seguir adelante y, literalmente, canceló el servicio para darnos el tiempo en su totalidad. Explicamos detalladamente la importancia de unirnos como comunidad y por qué era necesario luchar por la equidad y la justicia académica de nuestros niños. Salimos de ahí con nuevos bríos, motivados, con una mente clara y renovada. ¡Los fantasmas se esfumaron para no aparecer nunca más! ¡Gracias, Dios!

Hoy me doy cuenta del porqué de la existencia de tantas ONG. Para mí la respuesta es muy sencilla pero triste a la vez, y es por el hecho de que la Iglesia no está haciendo su labor. La Iglesia debe ser la respuesta y solución a todos los problemas sociales que afectan a una comunidad, o por lo menos saberlos canalizar sabiamente. No me refiero a una Iglesia en particular, sino a la Iglesia como un solo cuerpo.

No tiene nada de malo el que una ONG desee trabajar en conjunto con una Iglesia, donde yo veo el problema es en la falta de preparación teológica integral de los líderes eclesiásticos, porque están confundidos en un mar de dudas y desconocen cómo implementar un Evangelio íntegro en una praxis libertadora y restauradora. Ignoran la mano de Dios extendida y presta para ayudar, guiados por sus propios pensamientos finitos. Muchos de ellos no saben en realidad el propósito exacto por el cual están al frente de una congregación, viven temerosos de ser víctimas de proselitismo y buscan formas de entretener a los fieles, aun consintiendo un libertinaje nocivo.

Si de verdad miráramos el Evangelio con los ojos del maestro, aprenderíamos en carne propia una porción importante de una de las palabras más poderosas que Dios nos ha dejado: «Fe».

Actualidad

Hoy en día son tiempos difíciles para la comunidad de bajos ingresos aquí en Redwood City, CA. El costo de vida es altísimo, las familias están siendo desalojadas de sus viviendas, algunas de ellas han optado por moverse fuera de la península e irse hacia el valle, donde la vivienda es más económica.

Nosotros deseábamos que la escuela de *Rocketship* se instalara en la calle Chárter #860, en el área no incorporada de North Fair Oaks, porque es donde existe más necesidad; sin embargo, algunos concejales nos dijeron que la educación no es importante para ellos y que nuestros niños se tienen que conformar con la educación que existe en esa área. Algunos de ellos nos dijeron que los negocios son su prioridad.

Hoy en nuestra comunidad casi ya no tenemos festividades, podría recalcar el día de muertos, ya que el espíritu navideño está desapareciendo en muchas familias y se siente un ambiente de egoísmo y afán en lo material. Tanto los que no pueden tener una cena decente en sus mesas, como los que sí pueden y menosprecian al desamparado. Actitud que tristemente observamos, por ejemplo, en algunas personas provenientes de otros países. Parece que no entienden el concepto de comunidad y solamente se concentran en su propia gente y en las apariencias. Debemos estar conscientes de que estamos en medio de una comunidad diversa y que nos debemos de respetar y tolerar unos a otros, para así poder vivir en armonía.

Tengo treinta unidades de Maestría en Teología en Ministerio en el acreditado *Seminario Teológico Fuller*, lamentablemente lo tuve que abandonar por motivos económicos, pero me encantaría volver a retomar los estudios y así cumplir mi sueño de tener una maestría. Mi hija Daniela asiste a *Oxford Day Academy* en décimo grado, mi hija de diez años asiste a *Kipp Excelencia Community Prep* en quinto grado y mi pequeñín David asiste al grado de kínder en *Rocketship Redwood City Prep*.

De cara al 2019 la situación para los padres de familia del distrito escolar de Redwood City es muy difícil, ya que se tendrán que cerrar cuatro escuelas por falta de estudiantes. La gentrificación está en todo su apogeo, pero las personas no se dan cuenta del problema de raíz. Algunos piensan que esto se debe a que no pocos padres optaron por inscribir a sus hijos en las escuelas chárter. Desde mi punto de vista, esta situación es la suma de varios factores que han sucedido en nuestra ciudad, pero el principal es el alto costo de la vida; es por esta razón que nuestras familias están optando por irse a diversos sitios, como lo es el Valle Central o, aún más lejos, como la capital, o incluso a otros estados.

Nuestras familias hispanas tienen en promedio tres hijos. Si consideramos que la mayor parte de la población de estudiantes de escuelas públicas son hispanos, se concluye que en general las escuelas están siendo afectadas precisamente por esta razón.

Reflexión personal

Desearía con todo mi corazón que, al momento de escribir este libro, pudiera decir con toda confianza que el proyecto ha terminado, pero no es así, sigue inconcluso. Cuando nuestros niños al menos tengan en sus manos el título de sus respectivas carreras profesionales, podré decir que nuestro esfuerzo no ha sido en vano. Entonces será cuando la antorcha de cristal que ha sido formada por el sudor y las lágrimas de cada uno de los padres del grupo *Innovate*, y que la llevo empuñada en mi mano, será depositada con todo amor y cuidado en un Moisés, para que la llama de la revolución no se apague.

Estará allí esperando pacientemente hasta que otro grupo de personas la vuelta a retomar, y será entonces cuando de esa antorcha de cristal brotará nuevamente el fuego ardero en sus corazones, y dicha llama derretirá la antorcha de cristal y volverá nuevamente a brotar el sudor y las lágrimas, pero esta vez en cada integrante de ese nuevo grupo. Se romperán algunos tabúes y se descubrirá algo nuevo, pero lo más importante es que ese nuevo grupo de personas escribirá su propia historia y la organización relacional dará un ciclo más en la vida del ser humano.

Cuando empecé a escribir este libro todavía no existía la definición de <empoderamiento>. La gente la usaba todo el tiempo con relación a la definición actual. Esto no necesariamente significa que la definición del diccionario sea correcta, sino que se llega a ésta por cómo las personas la usan y aplican en su vida cotidiana. En lo personal no estoy de acuerdo con la definición actual, porque creo que no se han explorado otras opciones de significados; es decir, simplemente se plasmó lo que se escuchaba en el mundo.

La palabra <poder> es ya precisamente muy poderosa, pero si le diéramos un enfoque más optimista tendríamos un mundo mejor. Creo que se desperdició una excelente oportunidad de marcar un precedente histórico y de enaltecer los buenos valores que tanto necesitamos hoy en día, sobre todo pensando en el mensaje que estamos enviando a las próximas generaciones, las cuales cuestionarán nuestros pensamientos y actitudes ante los retos que enfrentamos.

Por lo anterior, presento mi propia definición. Empoderamiento: El clímax del buen uso del poder.

¿Por qué llego a esta definición? Porque el mundo está lleno de mal uso del poder y ya se crearon movimientos sociales para contrarrestar las malas administraciones. Entonces, ¿cuál es el aliciente para estos movimientos si no se tiene un objetivo final? Empoderamiento es el fruto de una praxis o de un contrapeso, pero ¿qué sigue? No observo un fin, sino un ciclo. Somos seres humanos con un propósito y nuestra responsabilidad es dejar un mundo mejor a nuestros hijos. Si empezamos a cambiar nuestro vocabulario y a tener objetivos definidos, enseñando que sí se puede gobernar en cualquier etapa de nuestra vida, desde nuestra familia hasta un país en fraternidad. Por eso uso la palabra clímax, porque después de ahí ya no hay nada, sino que es un objetivo definido.

Dedicatoria especial

Este libro está dedicado a todas las madres que encabezaron el proyecto, algunas de ellas nunca recibieron palabras de agradecimiento, pero este libro es de ellas y para ellas. A continuación, nombro a las madres que estuvieron desde el principio en el proyecto y hasta el día de hoy. Algunas ya no están por circunstancias que tiene la vida.

Gracias Paty, por dejarme aprender de usted y por poner toda su experiencia al servicio de los demás sin esperar nada a cambio. Nuestra comunidad siempre estará en deuda con usted. Sin duda, usted es una inspiración para mí y para muchas otras madres de familia.

Gracias Lore, por tener el discernimiento de las cosas positivas que hacen a una comunidad fuerte, gracias por estar en los momentos claves y apoyar sin condiciones. Gracias por ser fuerte en momentos de flaqueza.

Gracias Erika, por creer en el proyecto y abrazarlo como propio, sin duda su esfuerzo dará fruto y usted podrá disfrutar de ello.

Gracias Gudelia, porque aunque el tiempo era su peor enemigo, usted siempre apartó un tiempo para el proyecto. Su tenacidad y vigor son virtudes que siempre valoré en el grupo.

Gracias Ligia, por su humildad y perseverancia. La gente en su comunidad algún día sabrá que usted fue una de las pioneras en creer que necesitamos una reforma educativa integral. Siga adelante.

Gracias Karla, por nunca quitar el dedo del renglón en casos que afectan a los más necesitados, sobre todo a niños que tienen alguna discapacidad. Solamente una madre como usted puede decir que no ha obtenido nada gratuitamente, sino que se lo ha ganado con el sudor y las lágrimas, fruto de su esfuerzo.

Gracias Azucena, por acompañarme a las juntas de investigación y compartir tu testimonio en las audiencias públicas. Tus hijos estarán agradecidos contigo por las decisiones que has tomado a favor de ellos.

Gracias Lupe, por vencer tus miedos y ser valiente cuando se trataba de hablar en las audiencias públicas, y también por creer en el proyecto. Tu decisión será recompensada a su tiempo y tus hijas serán testigos de ello.

Gracias Isabel, por déjame entrar un poquito en tu vida y permitirme divertirme un poco en medio de la tormenta. Gracias por tu tenacidad. Tus hijas serán tu legado.

Y sobre todo honro el esfuerzo y la obediencia de los niños: Daniela, Deborah, David, Obed, Sophia, Adam, Anthony, Samantha, Amy, Roberto, Moisés, Emmanuel y Jonathan, que han hecho un esfuerzo extra como levantarse más temprano que de costumbre, para viajar fuera de sus comunidades, todo para recibir una educación académica diferente de las que sus comunidades les brindaban. Sin ustedes, nada por lo que hemos luchado tendría sentido.

También le doy la bienvenida a nuevas integrantes del grupo, espero que posean nuestro mismo ADN y sigan adelante: Rocsana, Juana, Luz, Karina, Blanca Eva y Cecilia.

Consejos personales

A *Rocketship*: Regresa a tu primer amor y vencerás cualquier obstáculo que se te presente, tienes la capacidad y la materia prima para hacerlo, pero no te olvides de los padres.

A *Kipp*: No subestimes el poder de los padres organizados, puede ser un arma de doble filo.

A *Innovate*: A veces es bueno mirar los objetivos desde los ojos del sufriente, y escribir una nueva página en la historia para sentar nuevas bases.

A *Oxford Day Academy*: Si logras fusionar íntegramente las culturas con las que estás trabajando, serás un ejemplo a seguir más allá de las fronteras.

A las Iglesias: Practica la compasión y te darás cuenta del tiempo y de las oportunidades que has desperdiciado para cambiar tu entorno.

A la actual administración: Nosotros no nacimos deseando venir a los Estados Unidos, sino que hemos sido expulsados de nuestros territorios por el hambre de las compañías trasnacionales hacia nuestros recursos naturales, que han comprado a nuestros gobiernos y obligado a que ellos mismos nos saquen a punta de pistola de nuestras propias tierras, que por cierto habían sido nuestras por generaciones.

La migración masiva de nuestros países ha sido después de los tratados de paz, porque hemos sido engañados por nuestros propios gobiernos, quienes se han vendido al mejor postor y prácticamente han malbaratado nuestros recursos naturales, sin importarles en lo más mínimo ni los pobladores, ni la flora ni la fauna silvestre.

A los jóvenes DACA y a las jóvenes víctimas de balaceras en las escuelas: Ustedes nos han dado un ejemplo a los padres sobre cómo la unión hace la fuerza. Este coraje e impotencia son de gran admiración, pero con un sistema de organización como el relacional, sería doblemente poderoso.

A los padres de familia: No existe la escuela perfecta, tal vez puedas darte cuenta de que en las escuelas que hemos traído existen casos de *acoso escolar*. Nosotros los padres pioneros pagamos un precio muy alto por conseguir diferentes opciones escolares, y los niños *bully* también estaban incluidos, porque también a ellos les hemos fallado como padres, como sociedad, como comunidad, como sistema de gobierno. Por eso ellos se merecen una escuela que crea en ellos y no los expulsen por quitarse un problema de encima, sino que se les demuestre amor y comprensión, pero principalmente que se les guíe hacia una vida de éxito.

Conclusión

Con este libro deseé despertar el interés de toda persona en la cual, dentro de sí, exista algo escondido sin darse cuenta, pero que lleva en la sangre. Para algunos es un estilo de vida, pero para otros es un tabú. Es aquello que te hace gemir ante la injusticia hacia los más desfavorecidos. Hoy te digo: Guíate con lo que te dice el *hardware* de tu corazón, porque éste se ha estado alimentando de información a través de toda tu vida. Para ser más específica, me refiero a ese sentir de la obligación de servir al prójimo, porque al hacerlo tú activarás la vida de otros; la justicia divina los alineará a su debido tiempo en un bien común y entonces se dará la luz a un reino solidario. Nuestros miedos serán vencidos por la compasión, porque dentro de este arduo trabajo estamos nosotros mismos, así que adelante y no te rindas, por favor.

"El poder es humildad y se convierte en virtud cuando se pone al servicio de los demás. Sólo el pueblo puede salvar al pueblo y un pueblo organizado puede cambiar una nación".

Lic. Andrés Manuel López Obrador.

De izquierda a derecha: Guadalupe Gómez, Keila Pio, Obed Echeverría, Azucena Méndez, Esmeralda Pérez, Daniela Esparza, Maritza leal, David Esparza, Deborah Esparza. Grupo original que comenzó la hermosa labor del PROYECTO. Ejemplo de amor y fe cuyo fruto da testimonio hoy en nuestra comunidad.

Anexo I "Organización"

Nuestro proceso de aprendizaje relacionado con el tema de poder comprender lo básico acerca del sistema escolar duró alrededor de ocho meses, pero aprender a organizar a los padres de familia para abogar por una mejor educación es un verdadero arte, y se debe tratar como tal. Es decir, uno nunca deja de aprender, más bien nos vamos perfeccionando con el tiempo. Primeramente se deben identificar a los padres líderes, éstos que tiene una visión amplia e integral de la comunidad; por lo general su naturaleza y personalidad atraen a los demás padres e influencian a los demás.

Es menester tener un diálogo abierto y transparente con ellos porque no nos podemos dar el lujo de perder ni a uno solo, pues ellos serán los pilares que sostendrán lo que se vendrá en el futuro. Por otra parte, también hay que tener paciencia y comprensión con los otros tipos de padres, por ejemplo, con los que nos siguen, que son los que apoyan cuando es necesario. Es decir, que ellos harán acto de presencia cuando de verdad se necesite, aunque no para sostener al grupo. No obstante, nunca debemos de hacer lo que pueden hacer ellos por sí mismos. Cuando ya se ha trabajado en detectar padres líderes y se cuenta con varios de ellos, y éstos ya tienen entrenamiento, entonces es cuando se continúa con el siguiente paso.

Reuniones de casa

En nuestro caso empezamos con amigos cercanos y también familias que conocíamos de manera superficial. También conocimos familias nuevas cuando recorríamos el vecindario, ya sea en lavanderías, parques, supermercados, o simplemente esperando la luz verde en la esquina del semáforo. Al usar un lenguaje sencillo, las personas nos abrieron las puertas de su hogar. Los materiales que por lo general, se utilizan para dichas reuniones, son: datos estadísticos, lápices o plumas, hojas en blanco para tomar notas, así como algún bocadillo para compartir.

En el proceso de preparación es bueno visitar al anfitrión antes de la reunión y motivarlo a que invite personas de su entorno social que estén interesados en el tema, también ése es el tiempo para preparar una agenda. En nuestro caso, alistar datos en papel acerca del rendimiento académico de las escuelas en nuestra comunidad y tener lista una hoja para la asistencia. Para tener una reunión exitosa, ésta se debe organizar con profesionalismo y respetando la agenda; debe tener una duración de alrededor de una hora y media. Esta reunión debe de llevarse a cabo por un pequeño grupo de padres con experiencia o previamente entrenados.

Por ejemplo, se debe de comenzar con una apertura seguida de una introducción, incluso podría romperse la atmósfera tensa con una pequeña broma. Acto seguido, se prosigue con el propósito y la visión. Esta parte es de vital importancia porque se debe de poner especial atención en la reacción de la familia que se está visitando, específicamente en sus facciones. A continuación, para no caer en desorden, se deben explicar las reglas de la agenda. El siguiente paso es el tiempo de hablar alrededor de tres minutos por persona y no más de treinta minutos el total de los participantes.

Cuando se termina dicha etapa de la agenda, entonces es tiempo de mostrar los datos oficiales que se tengan y enseñarlos al grupo, dejar que los observen por unos minutos y después discutir dichos datos por los siguientes veinte minutos. Para cerrar la junta en el hogar, si se ha tenido éxito como es en la mayoría de los casos, entonces se explica a los padres de familia porqué es importante organizarnos y darle seguimiento. También se les debe agradecer y dejar abierta la puerta para otra ocasión.

Una vez saliendo de la reunión, debemos tomarnos un tiempo para evaluarla. Por ejemplo, lo que se hizo bien o mal, o en lo que quizás faltó poner más énfasis, o lo que faltó incluir, etcétera. Cada padre líder debe de dominar el arte de las reuniones en casa y se deben experimentar los dos lados de la moneda; ya sea tener una reunión exitosa o una mala experiencia. Es bueno tener la experiencia de lo imprevisto, porque sólo así se podrá aprender y aconsejar a otros. Innovate estuvo con nosotros todo el tiempo para proveer todo lo que necesitábamos, tanto en el entrenamiento, como en coordinación y en la provisión de materiales.

Cuando ya se tiene un grupo de padres líderes y otro de seguidores, entonces se continúa con el siguiente paso, que es formar la organización. Para este punto no debe haber ninguna duda de que el objetivo principal es crear poder, porque el poder nos da la certeza de las acciones futuras que vayamos a realizar; éste es un momento importante para que el grupo comience a madurar. Un ejercicio recomendable es practicar el liderazgo dialógico y que cada integrante, voluntariamente, escoja alguno de los diferentes roles, los cuales son: Mover, oponer, estar de espectador, seguir, apoyar y preguntar.

Nosotros los padres necesitamos perfeccionar todas estas técnicas, ya que el poder es compartido y todos los padres nos necesitamos unos a otros. ¿Por qué esto es importante? Porque es necesario implementar esta disciplina para estructurar una agenda y llevarla a cabo en la arena pública, esté quien esté disponible. La meta es consolidar al grupo, principalmente en escuchar y respetar los diferentes puntos de vista de los participantes. Esto es fundamental en el proceso de construir poder, pues nos ejercitará en nuestras habilidades para poder negociar con inteligencia delante de funcionarios públicos u oficiales electos, con total firmeza y sin perder nuestra esencia.

Una vez que ya se tiene un grupo de padres que pueda manejar con destreza al menos dos de los roles del liderazgo dialógico, debe mantenerse una estructura, ya que esta organización debe prestarse para estar capacitando a nuevos integrantes. El objetivo primordial es crear un ciclo dentro del mismo ciclo para que el grupo esté siempre vivo y fresco, compartiendo el liderazgo y sentando bases sólidas para las generaciones futuras, si es que la visión es grande.

Para este punto ya se identificaron los líderes, se siguieron las reuniones en casa, se formó la organización, entonces ya era tiempo de identificar las soluciones. Nos dimos a la tarea, con ayuda de *Innovate*, de conocer y visitar diversas escuelas, ya sea por su cultura, su régimen académico, su liderazgo, pero principalmente acerca de cómo nuestros estudiantes de bajos ingresos, estudiantes cuyo inglés es su segundo idioma, afroamericanos, isleños del pacífico y estudiantes especiales, se desarrollaban dentro de estas escuelas con éxito. ¡Ésa era nuestra curiosidad!, pues estas escuelas tenían calificaciones altas de acuerdo con los exámenes estatales.

Este tipo de escuelas mostraban varias características diferentes a las de las escuelas tradicionales y que eran desconocidas en nuestra comunidad. Por citar una anécdota que nos sucedió a un grupo de padres cuando visitamos la escuela de *Rocketship Sí Se Puede*, el director de la escuela nos invitó a pasar a un salón de niños *masters* de segundo grado. Nos quedamos impresionados al ver a los niños siendo retados matemáticamente y mentalmente con problemas de matemáticas orales, pero más impactados nos quedamos cuando todos los niños levantaban la mano, queriendo responder a las exigencias del maestro.

Nosotros éramos fantasmas dentro de esa aula, ya que éramos totalmente ignorados por los niños, pues éstos estaban ya acostumbrados a recibir visitantes dentro del horario escolar y estaban enfocados completamente en la voz del maestro. Cuando salimos del salón, el director nos explicó que todos esos niños, aunque eran de segundo grado, ya dominaban todo lo referente al mismo y que ahora estaban estudiando el currículo de tercer grado.

Al salir de *Rocketship Sí Se Puede* nos preguntábamos sobre cómo era posible que estos niños de segundo grado estaban al mismo nivel que nuestros alumnos de cuarto grado. Fue ahí donde nos dimos cuenta de que sí era posible tener una educación académica excelente para nuestros pequeñines. Y yo me dije: «Definitivamente nuestro vecindario debe de enterarse de que sí es posible tener expectativas altas para todos los estudiantes, sin importar raza, color, género o código postal».

Una vez estando seguros de que la solución existe y que es posible, entonces se debe de comenzar con el siguiente paso: reuniones con funcionarios públicos. ¿Cómo se deben llevar a cabo? En nuestro caso, un padre voluntario contacta por correo al funcionario y le informa brevemente acerca de la organización; enseguida, de una manera respetuosa, le pide una reunión privada con algunos de nuestros padres voluntarios. Por experiencia tratamos de ser lo más flexibles posible, por ejemplo, ofreciéndole tres diferentes fechas y horarios diferentes, ya que las agendas de los funcionarios públicos están por lo regular ocupadas.

Estas reuniones deben de durar alrededor de una hora, pues se busca respetar el tiempo tanto del funcionario como de los voluntarios. La agenda debe de ser preparada y analizada con anterioridad minuciosamente, para poder obtener fruto de los objetivos y metas que se hayan trazado. Recomiendo no asignar a un voluntario nuevo a participar como dirigente de dicha reunión, pero sí a observar y a hacer alguna pregunta agendada que no sea muy compleja. La meta es construir una buena relación, en donde quizás no se esté de acuerdo en varios puntos, pero que dicha relación sea construida a través del respeto de los derechos que la democracia nos permite ejercer como ciudadanos.

Después de la junta de investigación se debe evaluar el desarrollo de la misma. Las juntas de investigación son muy importantes porque nos dan una perspectiva de los oficiales electos o funcionarios públicos en relación con los temas que se están tratando, así como para conocer personalmente un poco de su historia y de sus motivaciones. Pero principalmente estas reuniones nos dan a conocer como grupo y crean una relación.

Esta etapa puede ser muy desgastante para el grupo de líderes, por eso es importante que estén lo suficientemente maduros para cargar con el peso del proyecto. A estas instancias recomiendo que el grupo principal dedique al menos un día para convivir unos con otros, puede ser solos o con sus familias, dependiendo de cómo se den las circunstancias. Nunca se debe perder el enfoque de lo que se está haciendo, ya que esta es una parte crucial dentro del ciclo de la organización relacional.

Una vez cuando el grupo ya tenga la suficiente información, se debe planear la última etapa que es la de tomar acción. Primeramente se debe de tener claro cuál es la meta y los intereses alrededor de ella. En nuestro caso estábamos conscientes de que no sólo estábamos representando a nuestros hijos, sino a un gran número de familias y personas que creían y tenían confianza en nosotros, por eso debíamos hacer las cosas bien, mostrando nuestros valores y siempre con el debido respeto. Debe de haber compromiso, organización, coordinación y fe por parte de los integrantes que llevarán a cabo esta misión.

Se debe de fijar el lugar y la fecha dependiendo del objetivo principal. El grupo debe decidir quiénes serán los que lleven a cabo la acción desde el *stage*. El trabajo consiste en que tengamos un amplio y decisivo alcance. A esta altura, nuestro grupo trabajaba todos los días; *Innovate* estuvo con nosotros todo el tiempo, ayudándonos en todo lo que necesitábamos.

La agenda debe de estar muy bien estructurada y hasta practicada por parte de todos los futuros participantes, pero también se debe de contar con un plan B. Es decir, si un participante tiene una emergencia y no puede asistir a la acción, debe de estar alguien más, listo y presto para tomar su lugar. El vestuario de los participantes debe de ser acorde a la ocasión, representando lo mejor posible a la comunidad.

Podría entrar en más detalles, pero prefiero que ésta sea solamente una guía y si tal vez un grupo desea emprender algo, adapten el citado ciclo de acuerdo con su comunidad, cultura, circunstancias, etcétera. Al finalizar debe de haber una celebración, ya que se da el todo por el todo y es necesario felicitarse unos a otros, pues las recompensas son para los que hacen el trabajo, ya sea desde el trabajo de piso hasta las personas que dan la cara públicamente. Todos son importantes por igual.

Por eso es importante unirse a una ONG que sepa trabajar con padres o personas que desean un cambio. *Innovate* estuvo con nosotros todo el tiempo. Esto no es fácil, pero sí es posible. Nosotros lo logramos y si nosotros, que somos personas comunes lo hicimos, no veo por qué otras personas no puedan conseguir algo similar o mejor que nosotros en cualquier parte.

Anexo II "La reclasificación"

¿Por qué es importante saber qué es la reclasificación y la clasificación? Cuando la lengua natal de un niño no es el inglés y sus padres lo hacen saber en la inscripción escolar, entonces automáticamente el estudiante pasa a ser un niño que está aprendiendo inglés, incluso si nació en Estados Unidos y habla inglés. ¿Cómo es esto? Aquí en Estados Unidos hay cuatro preguntas en el formulario de inscripción que son: ¿Qué idioma/dialecto aprendió el estudiante cuándo él/ella comenzó a hablar? ¿Qué idioma/dialecto utiliza más el estudiante en su hogar? ¿Qué idioma es el que usted utiliza con más frecuencia para hablar a su niño/niña? y ¿Qué idioma hablan más los adultos en el hogar?

Si en alguna de las preguntas se responde «español», entonces este niño automáticamente pasa a ser un niño aprendiz de inglés, aunque el niño no hable una palabra de español. Este proceso puede durar hasta cinco o seis años en el peor de los casos. Esto es vital para estos niños en el camino a la universidad, pues si en el séptimo grado no están reclasificados, no recibirán las clases de inglés y matemáticas requeridas para obtener sus créditos. Por consiguiente, estos niños seguirán tomando clases de inglés y de matemáticas con una clase de apoyo, que no es tutoría sino una clase más que los estudiantes deben aprobar y por esta asignatura les quitan clases que deberían estar cursando para cubrir sus clases por año.

Si los padres ignoran esto, como pasa en la mayoría de los casos de los estudiantes de bajos ingresos, en los que el inglés es su segundo idioma, entonces sus hijos terminarán la preparatoria sin las clases necesarias para ir a la universidad estatal de cuatro años. ¿Cómo se enterarían los padres cuando sus hijos estén reclasificados? Preguntando al maestro de su hijo si su comprensión y habla del inglés son suficientes en un nivel legal como para salir del programa.

¿Esto cómo se aplica? El maestro lo va a observar un año y si mantuvo o subió su nivel del año anterior, le llegará una carta explicándoles a sus padres que el niño tiene un nivel suficiente y se les pregunta si están de acuerdo en sacarlos del programa. Esta carta debe ser firmada por la mamá o el papá, el director y el maestro. Esta carta la deben de guardar porque la tienen que mostrar una vez entrando a *High School,* por si se requiere. Esta carta es un tesoro porque ayuda tremendamente a sus hijos. Es una barrera menos en su camino a la universidad.

Si el estudiante ya no está en proceso de reclasificación, entonces cuando esté en octavo grado y le asignen las clases para *High School*, recibirá sus clases regulares que son las clases «A hasta la G». El estudiante seguirá siendo observado, pero es muy raro que el estudiante vuelva al programa de aprendiz de inglés.

La clasificación

Lo que sigue después del proceso de reclasificación es la clasificación, que no es otra cosa que una sombra que persigue al estudiante toda su vida estudiantil por cruzar el proceso de reclasificación; quizás puede ser algo bueno o quizás no. Por ejemplo, si el estudiante llegó a ser reclasificado con éxito, puede ser un testimonio positivo de que el estudiante, aun con todas estas barreras, logró ser alguien en la vida, como el terminar una carrera y sentirse orgulloso de que superó todos los obstáculos.

Programa migrante

El programa migrante está diseñado para ayudar a los niños y su lema principal es servir a los estudiantes que están inscritos al programa. Esto incluye tutorías en inglés y en matemáticas, y actualmente añadieron escritura. El estudiante también goza de servicios dentales y de visión una vez al año. También el programa ofrece clases de verano gratuitas por cuatro semanas, lo ocupen o no los estudiantes. Los requisitos para ingresar al programa migrante son que la familia esté trabajando en el campo, pescadería, lechería o establos. Se renueva cada tres años y es válido para estudiantes de primaria y hasta doceavo.

Este programa es de mucha ayuda para nuestros niños hispanos. Lamentablemente no se ven mucho los resultados académicos porque los niños no son expuestos a un sistema diferente que el resto, sino que en nuestro caso, aquí en nuestra comunidad, son los mismos maestros de las escuelas tradicionales quienes imparten el programa. Entonces si la situación actual de los estudiantes es desfavorable, con el programa migrante no se logra ningún cambio académico, sino más bien social; es decir, que prácticamente es una guardería gratuita.

Aunque el programa migrante está abierto a todo estudiante que apruebe, las escuelas chárter, por lo regular, no se benefician de este programa porque tienen un día escolar más largo y el sistema escolar tampoco hace un esfuerzo para ofrecérselos, dejando así fuera a muchos niños que podrían ser beneficiados.